專門替中國人寫的
英文練習本 初級本 上

ME
B
C
E
A
S
Y
Y

李家同／策劃審訂

博幼基金會／著

1片朗讀光碟
1片互動光碟

序言

專門替中國人寫的英文練習本

我們發現中國人寫英文句子時，常會犯獨特的錯誤，比方說兩個動詞連在一起用，將動詞用成名詞，時態更是困難，現在式、過去式、現在完成式，常把英文初學者搞糊塗了，畢竟我們沒有說英文的環境，而犯了天生講英文的人是不可能犯的這種錯誤。文老師寫的《專門替中國人寫的英文課本》簡單又容易讀，用中文來解釋英文文法規則，裡面有許多的練習，可以讓學生反覆練習直到熟悉為止，這些書很適合剛入門學習英文的人使用。

知道基本的文法觀念後，若沒有閱讀文章的習慣，面臨基本學力測驗，那些文章都很長，單字又很多，許多人一看就怕了。我所負責的博幼基金會發現這個問題的嚴重性，所以搭配《專門替中國人寫的英文課本》初級本編了一系列的短文，讓學生可依自己的英文程度，選擇適合自己閱讀的短文。每一篇短文句子不超過六行，每個句子也都很短，但是每篇短文都巧妙地加入一些新的生字。重要的是，這一系列的短文依文法分級，一開始短文都是肯定句，然後有否定語氣，再來就有問句了。如果你懂得現在式，那可以選擇 Part A 的短文閱讀，若懂得現在進行式，不妨閱讀 Part B 的短文。唸完這些短文以後，可以進行後面的英翻中、句子填空、改錯、生字配對等練習，學生通常在十分鐘之內都可以做完。如此，既能複習學過的文法規則，又能增加生字，但又不會使人感到吃力。

《專門替中國人寫的英文練習本》也有朗讀光碟、互動光碟，你不但可以聽到文章朗讀，生字也都有發音。如果一次聽不懂，可以反覆點選聽不懂的句子或生字，多聽自然可以熟悉。這些短文不只增進學生的閱讀能力，聽力與口說也都能有所進步，有了練習本，我相信學生的英文能力會越來越好，以後看到文章就不會太怕了。

李家同

推薦序

今年年初我從北二高南下，在草屯轉國道 6 號公路，沿著層層峰巒，不出半小時已來到聞名已久的博幼基金會，在這裡我跟年輕的英文老師有約。這些充滿教學熱誠的老師，不但在教學研習會上分組討論學生遇到的困難及分享解決方法，還以短劇方式，呈現自己得意的一門課。在回家的路上，一幕幕與這些老師討論英語教學的畫面，不斷閃過腦海。埔里小朋友何其幸運，能在一間間整齊安靜的小教室裡由老師課後指導英文功課！

隔沒多久，我從聯經編輯手中收到博幼老師配合《專門替中國人寫的英文課本》編寫的《英文練習本》，翻閱這些老師親手編寫的小故事，我的驚訝更甚於從前。這些老師創作了適合小朋友閱讀的英文小故事，每課只用區區四、五句話，就呈現一段完整有趣的故事。故事生字不多卻跟生活息息相關，例如描寫一位名叫 Angela 內向的小女孩，課文寫道：「She is quiet. She seldom talks.」接著點出這位小女孩的特殊飲食習慣：「She does not eat rice. She only drinks Coke.」最後用一句話提醒小朋友不吃飯只喝可樂可對身體無益喔：This is not good for the health.

除了生動的故事外，本書最引人注意的是排版清楚，明白易懂，習題份量恰到好處，讓學生不會心生畏懼。以學生的能力，讀完課文後，可輕而易舉把作業寫完。這是一本由老師累積《專門替中國人寫的英文課本》的教學經驗所編寫的課本，它讓《專門替中國人寫的英文課本》更為增色。兩本書合併使用，學生明瞭文法結構之後，可以進一步由《英文練習本》加強練習，久而久之，必能打下良好的英文基礎。

逢甲大學語言中心

文庭澍

目錄

序 ii

推薦序 iv

Part A（配合課本第一課～第八課）

Part A-1　Andy and His Sister 2

Part A-2　A Happy Family...6

Part A-3　Cherry and Jane 10

Part A-4　My Family and Friends 14

Part A-5　A Movie about a King and a Baker 18

Part A-6　Polly's Pets 22

Part A-7　Angela..26

Part A-8　Mark Lin 30

Part A-9　My Little Sister 34

Part A-10　My Family 38

Part **B** （配合課本第一課～第十二課）

Part B-1   After School 44

Part B-2   Baseball 48

Part B-3   My House 52

Part B-4   Movies 56

Part B-5   My Dog 60

Part B-6   Betty's Mother 64

Part B-7   Max's School Life 68

Part B-8   Toys 72

Part B-9   In a Restaurant 76

Part B-10   Free Time Activities 80

解答

Part A   85

Part B   101

Part A

Part A-1

Andy and His Sister

 A-01

Andy and his sister are students. They go to school every day. Andy likes **English**. He does not like **Chinese**. His sister likes **math**. She does not like **English**. They read books every day.

 A-01 Vocabulary

- **English** 英文
- **Chinese** 中文
- **math** 數學

1. Andy and his sister are students.

_____

2. They go to school every day.

_____

3. Andy likes English.

_____

4. He does not like Chinese.

_____

5. They read books every day.

_____

造 句

1. 我是一個學生。

I _____ a student.

2. 他們不是老師。

They _____ _____ teachers.

3. 我每天上學。

I _____ to school every day.

4. 他沒有每天上學。

He _____ _____ _____ to school every day.

5. 她喜歡英文。

She _____ English.

6. 你不喜歡中文。

You _____ _____ _____ Chinese.

7. 我們有很多書。

We _____ many books.

8. 他沒有筆。

He _____ _____ _____ pens.

9. 她每天讀書。

She _____ books every day.

10. 他們沒有每天吃早餐。

They _____ _____ _____ breakfast every day.

改錯 ● ● ● ● ˚

圈出文法錯誤，並寫出正確的答案

例 She (isn't) go to school every day. （doesn't）

1. I am a actor. （　　　　）

2. She aren't my sister. （　　　　）

3. He have a pencil. （　　　　）

4. They doesn't have a house. （　　　　）

5. Andy gos to school every day. （　　　　）

配合題 ● ● ● ● ˚

1. 英文　　　　　（　　）
2. 中文　　　　　（　　）
3. 數學　　　　　（　　）

a.	Chinese
b.	math
c.	English

A Happy Family

 A-02

I am Sara. I have a **happy family**. My father is a **bus driver**, and my mother is a nurse. They like movies and **watch** movies every day. My sister and I are students. We read books every day. **Because** my mother likes **animals**, we have five cats and three dogs. We are **happy** every day.

 A-02 Vocabulary

- **happy** 快樂的
- **family** 家庭
- **bus** 公車
- **driver** 司機
- **watch** 看
- **because** 因為
- **animal** 動物

英翻中

1. I have a happy family.

_____

2. My father is a bus driver, and my mother is a nurse.

_____

3. They like movies and watch movies every day.

_____

4. My sister and I are students.

_____

5. Because my mother likes animals, we have five cats and three dogs.

_____

造句

1. 他是湯姆。

He _____ Tom.

2. 他有一個快樂的家庭。

He _____ a _____ family.

3. 他的爸爸是一位公車司機，而他的媽媽是一位護士。

   _____ father is a _____ _____, and _____ mother is a _____.

4. 他喜歡電影。

   He _____ movies.

5. 他每天看電影。

   He _____ movies every day.

6. 他是一位學生。

   He _____ a student.

7. 他每天讀書。

   He _____ _____ every day.

8. 我喜歡動物。

   I _____ animals.

9. 我弟弟有四隻貓和一隻狗。

   _____ brother _____ _____ cats and a _____.

10. 我每天都很快樂。

   I _____ _____ every day.

改錯 ● ● ● ˙ ˚

圈出文法錯誤，並寫出正確的答案

例 She (isn't) go to school every day. （doesn't）

1. She am Sara's mother. （　　　　）

2. He brother is a bus driver. （　　　　）

3. He watchs movies every day. （　　　　）

4. We are student. （　　　　）

5. Sara have four cats. （　　　　）

配合題 ● ● ●
　　　　　˙ ˙ ˙

1. 快樂的	（　　）	**a.**	watch
2. 家庭	（　　）	**b.**	because
3. 看	（　　）	**c.**	driver
4. 因為	（　　）	**d.**	happy
5. 動物	（　　）	**e.**	family
6. 公車	（　　）	**f.**	bus
7. 司機	（　　）	**g.**	animal

Cherry and Jane

A-03

Cherry and Jane are **good** friends. They have **different hobbies**. Cherry likes **sports**, and she **plays tennis** every day.

Jane is not **good at sports**. She **often watches** movies **at home**. She has many DVDs.

A-03 Vocabulary

- **good** 好的
- **different** 不同的
- **hobby** 嗜好
- **sport** 運動
- **play** 打(球)

- **tennis** 網球
- **good at** 擅長
- **often** 經常
- **watch** 看
- **at home** 在家

英翻中

1. Cherry and Jane are good friends.

_____

2. Cherry likes sports.

_____

3. She plays tennis every day.

_____

4. Jane is not good at sports.

_____

5. She often watches movies at home.

_____

造句

1. 我們是好朋友。

We _____ good _____.

2. 我們不是兄弟。

We _____ _____.

3. 我們有不同的嗜好。

We _____ different hobbies.

4. 我喜歡運動。

   I _____ sports.

5. 我不喜歡電影。

   I _____ _____ movies.

6. 我每天打網球。

   I _____ tennis every day.

7. 你不擅長運動。

   You _____ not good _____ sports.

8. 她常在家裡看電影。

   She often _____ movies _____ home.

9. 你有很多DVD。

   You _____ many DVDs.

10. 他沒有CD。

   He _____ _____ CDs.

改錯

圈出文法錯誤，並寫出正確的答案

例 She (isn't) go to school every day. （doesn't）

1. We am sisters. （　　　　）

2. She doesn't a student. （　　　　）

3. He play tennis every day. （　　　　）

4. Jane have many CDs. （　　　　）

5. I likes sports. （　　　　）

配合題

1.	好的	（　　）	**a.**	hobby
2.	嗜好	（　　）	**b.**	good
3.	運動	（　　）	**c.**	play
4.	打（球）	（　　）	**d.**	sport
5.	網球	（　　）	**e.**	different
6.	擅長	（　　）	**f.**	good at
7.	經常	（　　）	**g.**	watch
8.	看	（　　）	**h.**	at home
9.	在家	（　　）	**i.**	tennis
10.	不同的	（　　）	**j.**	often

Part A-4

My Family and Friends

I am Andy. My mom and dad are teachers. My brother is three. I **often play with** Tim. He is my friend.

Tim and I **ride** bikes to the **park** every day. We **play ball there. On weekends**, we read books. We are **good** students.

 🎧 A-04 Vocabulary

- **often** 經常
- **play** 玩；打(球)
- **with** 和
- **ride** 騎
- **park** 公園

- **ball** 球
- **there** 那裡
- **on** 在……
- **weekend** 週末
- **good** 好的

14

 英翻中

1. My mom and dad are teachers.

_____

2. I often play with Tim.

_____

3. Tim and I ride bikes to the park every day.

_____

4. We play ball there.

_____

5. On weekends, we read books.

_____

造句

1. 她是愛咪。

She _____ Amy.

2. 她的爸爸媽媽是老師。

_____ mom and dad _____ teachers.

3. 她弟弟兩歲。

Her brother _____ _____.

4. 她經常和帝姆玩。

   She often _____ with Tim.

5. 他是她的朋友。

   He _____ _____ friend.

6. 她每天騎腳踏車到公園。

   She _____ a bike to a park every day.

7. 她在那裡玩球。

   She _____ ball there.

8. 週末的時候，她讀書。

   _____ weekends, she _____ books.

9. 她是一位好學生。

   She _____ _____ good student.

10. 我不是一位壞學生。

   I _____ _____ _____ bad student.

改錯 ● ● ● ● ●

圈出文法錯誤，並寫出正確的答案

例 She (isn't) go to school every day. （doesn't）

1. You am Jack. （　　　　　　）

2. His son and daughter is doctors. （　　　　　　）

3. They are my teacher. （　　　　　）

4. He like music. （　　　　）

5. I likes movies. （　　　　　）

配合題 ● ● ● ● ●

1.	經常	（　　）	a.	weekend
2.	玩；打（球）	（　　）	b.	ball
3.	和	（　　）	c.	on
4.	騎	（　　）	d.	often
5.	公園	（　　）	e.	park
6.	球	（　　）	f.	play
7.	那裡	（　　）	g.	good
8.	在……	（　　）	h.	with
9.	週末	（　　）	i.	ride
10.	好的	（　　）	j.	there

A Movie about a King and a Baker

A-05

I have a DVD movie. The movie is **about** a **king** and a **baker**. The **king** has three daughters. The **baker** likes **the third** daughter, **but** the **king** doesn't like the **baker**. The **baker makes delicious cakes for** the **king** every day. I **think** the movie is **boring**.

 A-05 Vocabulary

- **about** 關於
- **king** 國王
- **baker** 麵包師
- **the third** 第三個的
- **but** 但是

- **make cakes** 做蛋糕
- **delicious** 美味的
- **for** 為了
- **think** 認為
- **boring** 無聊的

英翻中

1. The movie is about a king and a baker.

_____

2. The king has three daughters.

_____

3. The baker likes the third daughter, but the king doesn't like the baker.

_____

4. The baker makes delicious cakes for the king every day.

_____

5. I think the movie is boring.

_____

造句

1. 她有一片電影DVD。

   She _____ a DVD movie.

2. 我不喜歡電影。

   I _____ _____ movies.

19

3. 他喜歡音樂。

He _____ _____.

4. 這部電影關於一位國王和一位麵包師。

The movie _____ about a king _____ a baker.

5. 這位國王有一個女兒。

The king _____ a _____.

6. 他沒有一個兒子。

He _____ _____ a son.

7. 我喜歡第三個女兒。

I _____ the third _____.

8. 他們不喜歡這位麵包師。

They _____ like the baker.

9. 我每天為國王做美味的蛋糕。

I _____ delicious cakes _____ the king every day.

10. 他認為這部電影很無聊。

He _____ the movie _____ boring.

改錯

圈出文法錯誤，並寫出正確的答案

例 She (isn't) go to school every day. （doesn't）

1. She have a CD. （　　　　　　）

2. He like music. （　　　　　　）

3. We doesn't like movies. （　　　　　　）

4. My mother make cakes every day. （　　　　　　）

5. The cake does delicious. （　　　　　　）

配合題

1.	關於	（　　）	**a.**	but
2.	國王	（　　）	**b.**	make cakes
3.	麵包師	（　　）	**c.**	baker
4.	但是	（　　）	**d.**	about
5.	做蛋糕	（　　）	**e.**	king
6.	美味的	（　　）	**f.**	think
7.	為了	（　　）	**g.**	for
8.	認為	（　　）	**h.**	delicious
9.	無聊的	（　　）	**i.**	boring
10.	第三個的	（　　）	**j.**	the third

Polly's Pets

 A-06

Polly has a dog and a cat. They are her **pets**. Every day she **plays with** her dog. Her cat does not **play with them**. It **sleeps all day long**.

 A-06 Vocabulary

- **pet** 寵物
- **play** 玩
- **with** 和
- **them** 他們（**they** 的受詞）
- **sleep** 睡覺
- **all day long** 整天

22

1. Polly has a dog and a cat.

_____

2. They are her pets.

_____

3. Every day she plays with her dog.

_____

4. Her cat does not play with them.

_____

5. It sleeps all day long.

_____

造 句

1. 你是我的朋友。

   You _____ _____ friend.

2. 你不是一位老師。

   You _____ _____ a teacher.

3. 我們是學生。

   We _____ _____.

4. 我們每天上學。

   We _____ to _____ every day.

5. 你有三隻狗和四隻貓。

   You _____ _____ dogs and _____ cats.

6. 你沒有一隻鳥。

   You _____ _____ _____ a bird.

7. 牠們是你的寵物。

   They _____ _____ pets.

8. 每天你和你的狗玩。

   Every day you _____ with _____ dog.

9. 你的貓不玩。

   _____ cat _____ _____ _____.

10. 牠整天睡覺。

    It _____ all day long.

改錯

圈出文法錯誤，並寫出正確的答案

例 She (isn't) go to school every day. （doesn't）

1. It is a dogs. （　　　　　）

2. They are not my pet. （　　　　　）

3. We plays every day. （　　　　　）

4. She don't like cats. （　　　　　）

5. He like Polly. （　　　　　）

配合題

1. 寵物　　　　　（　　）
2. 玩　　　　　　（　　）
3. 和　　　　　　（　　）
4. 睡覺　　　　　（　　）
5. 整天　　　　　（　　）

a. pet
b. all day long
c. sleep
d. with
e. play

Angela

Angela is 10. She is **quiet**. She **seldom talks**. She likes **comic books** and reads **them** every day. She does not eat **rice**. She **only** drinks Coke. **This** is not **good for** the **health**.

單字表  A-07 Vocabulary

- **quiet** 安靜的
- **seldom** 很少
- **talk** 講話
- **comic book** 漫畫書
- **them** 他們（**they** 的受詞）
- **rice** 米飯
- **only** 只
- **this** 這個
- **good** 好的
- **for** 對於
- **health** 健康

1. She is quiet.

_____

2. She seldom talks.

_____

3. She likes comic books and reads them every day.

_____

4. She does not eat rice.

_____

5. She only drinks Coke.

_____

造 句

1. 我八歲。

I _____ 8.

2. 他很安靜。

He _____ quiet.

3. 你很少說話。

You seldom _____.

4. 我不上學。

   I _____ not go to school.

5. 他喜歡音樂。

   He _____ _____.

6. 他們沒有朋友。

   They _____ not _____ friends.

7. 我每天看漫畫書。

   I _____ comic books every day.

8. 你不吃飯。

   You _____ not _____ rice.

9. 她不喝牛奶。

   She _____ not _____ milk.

10. 我只喝可樂。

    I only _____ Coke.

改錯 ● ● ●

圈出文法錯誤，並寫出正確的答案

例 She (isn't) go to school every day. （doesn't）

1. She aren't my friend. （　　　　　）

2. He don't like comic books. （　　　　　）

3. Angela read books every day. （　　　　　）

4. His daughter doesn't talks. （　　　　　）

5. My son seldom go to school. （　　　　　）

配合題 ● ● ●

1.	安靜的	（　　）	**a.**	rice
2.	很少	（　　）	**b.**	comic book
3.	講話	（　　）	**c.**	this
4.	漫畫書	（　　）	**d.**	talk
5.	米飯	（　　）	**e.**	good
6.	只	（　　）	**f.**	only
7.	這個	（　　）	**g.**	health
8.	好的	（　　）	**h.**	quiet
9.	對於	（　　）	**i.**	for
10.	健康	（　　）	**j.**	seldom

Mark Lin

 A-08

I'm Mark Lin. I'm 29. I like music and movies. I **love animals**: I have three dogs, five birds, and one cat.

I'm busy with work. I don't have many friends. I **would like** to **make friends**.

 A-08 Vocabulary

- love 愛
- animal 動物
- be busy with 忙於

- work 工作
- would like 想要
- make friends 交朋友

1. I like music and movies.

_____

2. I have two dogs, four birds, and one cat.

_____

3. I'm busy at work.

_____

4. I don't have many friends.

_____

5. I would like to make friends.

_____

造 句

1. 他是林馬克。

   He _____ Mark Lin.

2. 他們二十九歲。

   They _____ 29.

3. 她喜歡音樂和電影。

   She _____ music _____ movies.

4. 他沒有很多朋友。

He _____ _____ _____ many _____.

5. 她愛動物。

She _____ animals.

6. 她有三隻狗、五隻鳥和六隻貓。

She _____ _____ dogs, _____ birds, and _____ cats.

7. 他是我的朋友。

He _____ my _____.

8. 他們忙於工作。

They _____ busy _____ work.

9. 他想交朋友。

He would like _____ _____ friends.

10. 我沒有很多書。

I _____ _____ _____ many books.

改錯 ● ● ●

圈出文法錯誤，並寫出正確的答案

例 She (isn't) go to school every day. （doesn't）

1. He are Mark. （　　　　）

2. He isn't I friend. （　　　　）

3. She like dogs. （　　　　）

4. They reads books every day. （　　　　）

5. She doesn't busy with work. （　　　　）

配合題 ● ● ●

1. 愛	（　）	**a.** would like
2. 動物	（　）	**b.** love
3. 忙於	（　）	**c.** make friends
4. 工作	（　）	**d.** animal
5. 想要	（　）	**e.** work
6. 交朋友	（　）	**f.** be busy with

My Little Sister

 A-09

Becky is my **little** sister. She eats breakfast every **morning**. She **always** eats **toast** and an **egg**. **Sometimes** she drinks milk. She doesn't like **fruit**, **so** she **never** eats **apples**.

 A-09 Vocabulary

- **little** 小的
- **morning** 早上
- **always** 總是
- **toast** 烤的土司
- **egg** 蛋

- **sometimes** 有時
- **fruit** 水果
- **so** 所以
- **never** 從未
- **apple** 蘋果

1. Becky is my little sister.

_____

2. She eats breakfast every morning.

_____

3. She always eats toast and an egg.

_____

4. Sometimes she drinks milk.

_____

5. She doesn't like fruit, so she never eats apples.

_____

造句

1. 她是他的小妹。

She is _____ little sister.

2. 我不是她的哥哥。

I _____ _____ _____ brother.

3. 我每天早上吃早餐。

I _____ _____ every morinig.

35

4. 我沒有每天吃晚餐。

   I _____ _____ dinner every day.

5. 我總是吃烤土司和一顆蛋。

   I always _____ toast and _____ egg.

6. 我有時候喝牛奶。

   Sometimes I _____ _____.

7. 她不喝可樂。

   She _____ _____ Coke.

8. 我喜歡水。

   I _____ _____.

9. 我不喜歡水果。

   I _____ _____ fruit.

10. 我從不吃蘋果。

    I never _____ _____.

改錯

圈出文法錯誤，並寫出正確的答案

例 She (isn't) go to school every day. （doesn't）

1. I are their friend. （　　　　　）

2. He aren't my brother. （　　　　　）

3. We eats lunch every day. （　　　　　）

4. Becky drink milk every day. （　　　　　）

5. His father don't like fruit. （　　　　　）

配合題

1. 小的	（　　）	**a.**	never
2. 總是	（　　）	**b.**	sometimes
3. 土司	（　　）	**c.**	so
4. 蛋	（　　）	**d.**	little
5. 有時	（　　）	**e.**	always
6. 水果	（　　）	**f.**	apple
7. 所以	（　　）	**g.**	toast
8. 從未	（　　）	**h.**	egg
9. 蘋果	（　　）	**i.**	fruit
10. 早上	（　　）	**j.**	morning

My Family

🎧 A-10

My father is a **cook**. My mother is an **artist**. They are **busy**. My sisters and I **do** the **housework** every day. My sisters **cook**, and I **wash the dishes**. My brother is **only** three. He eats and **plays** every day.

 🎧 A-10 Vocabulary

- **cook** 廚師
- **artist** 藝術家
- **busy** 忙碌的
- **do** 做
- **housework** 家事

- **cook** 做菜
- **wash the dishes** 洗碗盤
- **only** 只
- **play** 玩耍

1. My father is a cook.

_____

2. They are busy.

_____

3. My sisters and I do the housework every day.

_____

4. My sisters cook, and I wash the dishes.

_____

5. My brother is only three.

_____

造 句

1. 我是一位廚師。

   I _____ a _____.

2. 你們不是我的學生。

   You _____ _____ my _____.

3. 她是一位護士。

   She _____ a _____.

39

4. 她不是他們的媽媽。

   She _____ _____ _____ mother.

5. 他每天做家事。

   He _____ the housework every day.

6. 他做菜，而她洗碗盤。

   He _____, and she _____ the dishes.

7. 他們沒有桌子。

   They _____ _____ _____ tables.

8. 她只有三歲。

   She _____ only three.

9. 我每天喝牛奶。

   I _____ _____ every day.

10. 她不吃晚餐。

    She _____ _____ _____ dinner.

改錯

圈出文法錯誤，並寫出正確的答案

例 She (isn't) go to school every day. （doesn't）

1. She is an artists. （　　　　）

2. They isn't sisters. （　　　　）

3. My mother cook every day. （　　　　）

4. He dos the housework every day. （　　　　）

5. I washes the dishes every day. （　　　　）

配合題

1.	忙碌的	（　　）	**a.** only
2.	做	（　　）	**b.** cook
3.	家事	（　　）	**c.** play
4.	做菜	（　　）	**d.** do
5.	洗碗盤	（　　）	**e.** wash the dishes
6.	只	（　　）	**f.** busy
7.	玩耍	（　　）	**g.** artist
8.	藝術家	（　　）	**h.** housework

Part B

After School

 B-01

Ben: What are you doing now?

Mike: I am playing a **new** computer game. It is **exciting**.

Ben: Do you play computer games every day?

Mike: Yes. My **cousin** has many computer games. Do you play computer games?

Ben: No, I don't have a computer.

Mike: What do you do **after school**?

Ben: I do homework and **play the piano**.

Mike: Wow(哇), you are a good student!

單字表  B-01 Vocabulary

- **new** 新的
- **exciting** 刺激的
- **cousin** 堂(表)兄弟姊妹
- **after school** 放學之後
- **play the piano** 彈鋼琴

1. I am playing a new computer game.

_____

2. Do you play computer games every day?

_____

3. My cousin has many computer games.

_____

4. What do you do after school?

_____

5. I do homework and play the piano.

_____

造句

1. 你的弟弟現在正在做什麼？

What _____ your brother _____ now?

2. 他正在玩一款新的電腦遊戲。

He _____ _____ a _____ computer game.

3. 這款電腦遊戲很刺激。

This computer game _____ _____.

45

4. 他每天玩電腦遊戲嗎？

   _____ he _____ computer games every day?

5. 我的朋友們有很多電腦遊戲。

   _____ friends _____ _____ computer games.

6. 他沒有一台電腦。

   He _____ _____ a computer.

7. 他放學後做什麼？

   _____ _____ he do _____ school?

8. 他做功課和讀書。

   He _____ homework _____ _____ books.

9. 他是一個好學生。

   He _____ a good _____.

10. 我們不是朋友。

    We _____ _____.

改錯

圈出文法錯誤，並寫出正確的答案

例 She (isn't) go to school every day. （doesn't）

1. What does Ben doing now? （　　　　　　）

2. She is plays a new computer game now. （　　　　　　）

3. Are they play computer games every day? （　　　　　　）

4. He has many computer. （　　　　　　）

5. She doesn't has cousins. （　　　　　　）

配合題

1. 新的	（　　）	**a.**	cousin
2. 刺激的	（　　）	**b.**	play the piano
3. 堂(表)兄弟姊妹	（　　）	**c.**	after school
4. 放學之後	（　　）	**d.**	new
5. 彈鋼琴	（　　）	**e.**	exciting

Part B-2

Baseball

 B-02

Alice: **Look!** Mitch is playing **baseball**.

Tony: Wow. He's **great**.

Alice: Do you play **baseball**?

Tony: Yes, I do. I **sometimes** play baseball. Hi, Mitch.

Mitch: Hello, Tony. Where are you going?

Tony: We are going **home**.

Mitch: Do you play **baseball**?

Tony: Yes, I do.

Alice: No, I don't.

Mitch: **Can** you play **baseball** now, Tony?

Tony: No, I **have to** be **home before** 5:00 P.M.

Mitch: **O.K.**

 B-02 Vocabulary

- **look** 看
- **baseball** 棒球
- **great** 很厲害的;很棒的
- **sometimes** 有時候
- **home** 家

- **can** 能
- **have to** 必須
- **before** 在……之前
- **O.K.** 好吧

48

1. Mitch is playing baseball.

_____

2. Do you play baseball?

_____

3. I sometimes play baseball.

_____

4. Where are you going?

_____

5. I have to be home before 5:00 P.M.

_____

造 句

1. 他們正在打棒球。

   They _____ _____ baseball.

2. 你們很棒。

   You _____ _____.

3. 他打棒球嗎？

   _____ he _____ baseball?

4. 他有時候打棒球。

   He _____ _____ baseball.

5. 他要去哪裡？

   Where _____ he _____?

6. 他正要回家。

   He _____ _____ home.

7. 我每天打棒球。

   I _____ baseball _____ _____.

8. 他沒有每天打棒球。

   He _____ _____ baseball _____ _____.

9. 他現在可以打棒球嗎？

   Can he _____ baseball now?

10. 我們必須在下午五點前回到家。

    We have to _____ home _____ 5:00 P.M.

改 錯

圈出文法錯誤，並寫出正確的答案

例 She (isn't) go to school every day. （doesn't）

1. They are play baseball now. （　　　　　　）

2. Do he play baseball? （　　　　　　）

3. She sometimes play baseball. （　　　　　　）

4. Where do you going now? （　　　　　）

5. Where does your house? （　　　　　）

配 合 題

1.	棒球	（　　）	**a.** before
2.	很厲害的；很棒的	（　　）	**b.** O.K.
3.	有時候	（　　）	**c.** baseball
4.	家	（　　）	**d.** look
5.	能	（　　）	**e.** can
6.	在……之前	（　　）	**f.** home
7.	好吧	（　　）	**g.** have to
8.	看	（　　）	**h.** sometimes
9.	必須	（　　）	**i.** great

Part B-3

My House

 B-03

Mark: Hi, Bob. **Come on in.**

Bob: **Thanks**. How are you **today**, Mark?

Mark: **Great! Have a seat.**

Bob: **Thanks.** Wow, your house is big. Hey, who's the **man** in the **picture**? He is **handsome**.

Mark: That's my father.

Bob: What does he do?

Mark: He's a doctor, and my mother is a nurse. They **work** in the **hospital near** our house.

 B-03 Vocabulary

- **Come on in.** 請進
- **thanks** 謝謝
- **today** 今天
- **great** 很好
- **have a seat** 請坐
- **man** 男人
- **picture** 照片
- **handsome** 英俊的
- **work** 工作
- **hospital** 醫院
- **near** 在……附近

1. How are you today, Mark?

_____

2. Who's the man in the picture?

_____

3. That's my father.

_____

4. What does he do?

_____

5. They work in the hospital near our house.

_____

造句

1. 他今天好嗎？

   How _____ he today?

2. 他家很大。

   _____ house _____ big.

3. 照片裡的男孩是誰？

   _____ the _____ _____ the picture?

4. 你很英俊。

   You _____ handsome.

5. 那是他弟弟。

   That's _____ _____.

6. 你是做什麼的？

   What _____ you _____?

7. 我是一位老師。

   I _____ a _____.

8. 你是一位工程師。

   You _____ an _____.

9. 你們都不是學生。

   You _____ _____.

10. 她在他們家附近的醫院工作。

   She _____ in the hospital near _____ house.

改錯

圈出文法錯誤，並寫出正確的答案

例 She (isn't) go to school every day. （doesn't）

1. How is your father and mother? （   ）

2. Their houses is big. （   ）

3. Who does that girl? （   ）

4. What is his father do? （   ）

5. Does that her mother? （   ）

配合題

1. 謝謝	（ ）	**a.**	hospital
2. 今天	（ ）	**b.**	near
3. 很好	（ ）	**c.**	handsome
4. 男人	（ ）	**d.**	work
5. 照片	（ ）	**e.**	picture
6. 英俊的	（ ）	**f.**	great
7. 工作	（ ）	**g.**	man
8. 醫院	（ ）	**h.**	thanks
9. 在……附近	（ ）	**i.**	today

Movies

Simon: I have many DVDs. **How about** watching movies in my house?

Kenny: What **kind of** movies do you have?

Simon: I have **action movies**, **horror movies**, **romantic movies**...

Kenny: **Romantic movies**? Are you **kidding**? **Only** girls like **romantic movies**.

Simon: I am not **kidding**! I watch **romantic movies with** my sisters every week.

 🎧 B-04 Vocabulary

- **how about** 你認為……怎樣
- **kind** 種類
- **of** ……的
- **action movie** 動作片
- **horror movie** 恐怖片
- **romantic movie** 愛情片
- **kid** 開玩笑
- **only** 只有
- **with** 和

1. How about watching movies in my house?

_____

2. What kind of movies do you have?

_____

3. Are you kidding?

_____

4. Only girls like romantic movies.

_____

5. I watch romantic movies with my sisters every week.

_____

1. 你認為在他家看電影怎樣？

How about _____ movies in _____ house?

2. 他有很多DVD。

He _____ many DVDs.

3. 他沒有很多 CD。

He _____ _____ _____ many CDs.

4. 他有什麼種類的電影？

   What kind of movies _____ he _____?

5. 他有動作片、恐怖片、愛情片……。

   He _____ action movies, horror movies, romantic movies...

6. 他在開玩笑嗎？

   _____ he _____?

7. 只有女孩喜歡愛情片。

   Only girls _____ romantic movies.

8. 他沒有在開玩笑。

   He _____ _____ kidding.

9. 他每週和他的姊姊們看恐怖片。

   He _____ horror movies with _____ sisters every week.

10. 他沒有每天和他的弟弟看動作片。

    He _____ _____ _____ action movies with his
    _____ every day.

改錯 ● . •

圈出文法錯誤，並寫出正確的答案

例 She (isn't) go to school every day. （doesn't）

1. Do he like their books? （   ）

2. She have many pens. （   ）

3. Do you reading now? （   ）

4. What is he have? （   ）

5. They are watch TV now. （   ）

配合題 ● ● .
　　　 . .

1.	你認為……怎樣	（ ）	**a.** kid
2.	種類	（ ）	**b.** action movie
3.	……的	（ ）	**c.** kind
4.	動作片	（ ）	**d.** how about
5.	開玩笑	（ ）	**e.** of
6.	只	（ ）	**f.** with
7.	和	（ ）	**g.** only

Part B-5

My Dog

Kevin: Hi, Tina. Is this your dog? It's **cute**.

Tina:　Yes, it's my dog.

Kevin: What do you **call** it?

Tina:　I **call** it Spot.

Kevin: Where are you **taking** it?

Tina:　I'm **taking** it **to** the **park**. I **let** it **run** in the **park**.

Kevin: **Can** I go **with** you? I like dogs.

Tina:　**Sure** you **can**!

 B-05 Vocabulary

- **cute** 可愛的
- **call** 叫
- **take... to** 帶……到
- **park** 公園
- **let** 讓

- **run** 跑
- **can** 可以
- **with** 和
- **sure** 當然

60

1. Is this your dog?

_____

2. What do you call it?

_____

3. Where are you taking it?

_____

4. I let it run in the park.

_____

5. Can I go with you?

_____

造句 ••••

1. 那是他的狗嗎？

_____ that his dog?

2. 他有一隻狗嗎？

_____ he _____ a dog?

3. 牠很可愛。

It _____ cute.

4. 她叫牠什麼？

   _____ _____ she call it?

5. 她要帶牠去哪裡？

   _____ _____ she taking it?

6. 他們要帶牠去公園。

   They _____ taking it to the park.

7. 她在公園做什麼？

   _____ does she do _____ the park?

8. 他讓牠在公園裡跑。

   He _____ it run _____ the park.

9. 他可以和你去嗎？

   _____ he _____ with you?

10. 他喜歡狗。

   He _____ dogs.

圈出文法錯誤，並寫出正確的答案

例 She (isn't) go to school every day.（doesn't）

1. Does it his cat?（　　　　　）

2. It's not she cat.（　　　　　）

3. What does he calls it?（　　　　　）

4. What do you doing now?（　　　　　）

5. We likes his dog.（　　　　　）

1. 可愛的　　　　（　　）

2. 叫　　　　　　（　　）

3. 帶……到　　　（　　）

4. 公園　　　　　（　　）

5. 跑　　　　　　（　　）

6. 可以　　　　　（　　）

7. 和　　　　　　（　　）

8. 當然　　　　　（　　）

9. 讓　　　　　　（　　）

a. take... to

b. sure

c. cute

d. let

f. run

g. with

h. park

i. can

j. call

Betty's Mother

 B-06

Betty's mother is a **housewife**. Every day she **gets up** at 6:00 A.M. She **makes** breakfast **for** her **children**. She goes to the **market** at 9:30 A.M. She eats lunch and listens to music at 11:30 A.M. **In the afternoon**, she **helps** her **children** do their homework. She **cooks** dinner **for** her **family** at 5:00 P.M.

 B-06 Vocabulary

- **housewife** 家庭主婦
- **get up** 起床
- **make** 做
- **for** 為了
- **children** 小孩
- **market** 市場
- **in the afternoon** 下午的時候
- **help** 幫助
- **cook** 煮
- **family** 家人

64

1. Betty's mother is a housewife.

   _____

2. Every day she gets up at 6:00 A.M.

   _____

3. She makes breakfast for her children.

   _____

4. She goes to the market at 9:30 A.M.

   _____

5. In the afternoon, she helps her children do their homework.

   _____

造句

1. 我是一位學生。

   I _____ a student.

2. 我媽媽是一位家庭主婦。

   _____ mother _____ a housewife.

3. 我每天早上六點起床。

   Every day I _____ up _____ 6:00 A.M.

4. 他為他的小孩做早餐。

   He _____ breakfast _____ his children.

5. 他不喝牛奶。

   He _____ _____ milk.

6. 我早上九點半去市場。

   I _____ to the market _____ 9:30 A.M.

7. 我們早上十一點半吃午餐並看電視。

   We _____ lunch and _____ TV _____ 11:30 A.M.

8. 我們不聽音樂。

   We _____ _____ to music.

9. 下午的時候，我幫助我的小孩做功課。

   _____ the afternoon, I _____ _____ children do their homework.

10. 他下午五點為他的家人煮晚餐。

    He _____ dinner _____ _____ family _____ 5:00 P.M.

改錯

圈出文法錯誤，並寫出正確的答案

例 She (isn't) go to school every day. （doesn't）

1. You is a nurse. （   ）

2. I gets up at 7:00 A.M. （   ）

3. He makes lunch for he children. （   ）

4. She gos to school every day. （   ）

5. My mother doesn't watches TV. （   ）

配合題

1. 家庭主婦	（ ）	**a.**	children
2. 起床	（ ）	**b.**	in the afternoon
3. 做	（ ）	**c.**	make
4. 為了	（ ）	**d.**	for
5. 小孩	（ ）	**e.**	housewife
6. 市場	（ ）	**f.**	family
7. 下午的時候	（ ）	**g.**	get up
8. 幫助	（ ）	**h.**	cook
9. 煮	（ ）	**i.**	help
10. 家人	（ ）	**j.**	market

Max's School Life

 B-07

Max is a **dancer**. He is a student at the **American** School now. He **takes dance classes** every day. **In the afternoon**, he **takes other** school **subjects**. He likes his school **life**.

 B-07 Vocabulary

- **dancer** 舞者
- **American** 美國的
- **take a class** 上課
- **dance** 舞蹈

- **in the afternoon** 下午的時候
- **other** 其他的
- **subject** 學科
- **life** 生活

1. Max is a dancer.

   _____

2. He is a student at the American School now.

   _____

3. He takes dance classes every day.

   _____

4. In the afternoon, he takes other subjects.

   _____

5. He likes his school life.

   _____

造 句

1. 我是一位舞者。

   I _____ a dancer.

2. 我有一個哥哥和兩個姊姊。

   I _____ a _____ and two _____.

3. 我現在是美國學校的學生。

   I _____ a student _____ the American School _____.

4. 他們都不是學生。

   They _____ _____ students.

5. 你怎麼上學？

   _____ _____ you _____ to school?

6. 我每天上舞蹈課。

   I _____ dance classes every day.

7. 下午的時候，我上其他學科。

   _____ the afternoon, I _____ other subjects.

8. 我喜歡舞蹈。

   I _____ dance.

9. 我不喜歡電影。

   I _____ _____ movies.

10. 我喜歡我的學校生活。

    I _____ _____ school life.

改錯

圈出文法錯誤，並寫出正確的答案

例 She isn't go to school every day. （doesn't）

1. You is a writer（作家）. （　　　　　）

2. He take a nap every day. （　　　　　）

3. She doesn't likes music. （　　　　　）

4. What is your sister like? （　　　　　）

5. Does he takes dance classes? （　　　　　）

配合題

1. 舞者　　　（　　）
2. 美國的　　（　　）
3. 上課　　　（　　）
4. 舞蹈　　　（　　）
5. 下午的時候（　　）
6. 其他的　　（　　）
7. 學科　　　（　　）
8. 生活　　　（　　）

a. life
b. dance
c. other
d. American
e. in the afternoon
f. subject
g. take a class
h. dancer

Toys

B-08

Randy: This is my house, Louis.

Louis: Wow(哇), **so** many **toys**! **Why** do you have **so** many **toys**?

Randy: My brother **sells toys**. He has **toys with defects**. **Like** this **toy** car, it **only** has three **wheels**.

Louis: You're **so lucky**.

 B-08 Vocabulary

- **so** 這麼
- **toy** 玩具
- **why** 為什麼
- **sell** 賣
- **with** 帶有……的

- **defect** 瑕疵
- **like** 像
- **only** 只
- **wheel** 車輪
- **lucky** 幸運的

1. This is my house.

_____

2. Why do you have so many toys?

_____

3. My brother sells toys.

_____

4. He has toys with defects.

_____

5. Like this toy car, it only has three wheels.

_____

造 句

1. 他的房子在哪裡？

_____ _____ his house?

2. 這是她的房子。

This _____ _____ house.

3. 你有玩具嗎？

_____ you _____ toys?

4. 他是誰？

   _____ _____ he?

5. 他是她哥哥。

   He _____ _____ brother.

6. 他們有什麼？

   _____ do they _____?

7. 他們有帶有瑕疵的玩具。

   They _____ toys _____ defects.

8. 像那個玩具車，它只有兩個輪胎。

   Like _____ toy car, it only _____ _____ wheels.

9. 你幸運嗎？

   _____ you lucky?

10. 她是這麼地幸運。

   She _____ so lucky.

改錯

圈出文法錯誤，並寫出正確的答案

例 She (isn't) go to school every day. （doesn't）

1. Does you like toys? （   ）

2. She have toy cars. （   ）

3. He has two brother. （   ）

4. Randy is so luckys. （   ）

5. Does this your room? （   ）

配合題

1.	這麼	（ ）	**a.**	like
2.	玩具	（ ）	**b.**	defect
3.	為什麼	（ ）	**c.**	with
4.	賣	（ ）	**d.**	sell
5.	帶有……的	（ ）	**e.**	only
6.	瑕疵	（ ）	**f.**	why
7.	像	（ ）	**g.**	wheel
8.	只	（ ）	**h.**	toy
9.	車輪	（ ）	**i.**	lucky
10.	幸運的	（ ）	**j.**	so

In a Restaurant

 B-09

Jeffrey: **Excuse me**, are you **ready** to **order**?

Mr. Wu: Well（唔）, what's "coot"?

Jeffrey: Oh（喔）, it's a bird **from** Australia. It **tastes like**... **chicken**! It's **delicious**.

Mr. Wu: I don't like **chicken**. I **want corn soup**.

Jeffrey: O.K.

 B-09 Vocabulary

- **Excuse me.** 對不起
- **ready** 準備好的
- **order** 點菜
- **from** 來自
- **taste** 嚐起來

- **like** 像
- **chicken** 雞肉
- **delicious** 美味的
- **want** 想要
- **corn soup** 玉米濃湯

1. Excuse me, are you ready to order?

_____

2. It's a bird from Australia.

_____

3. It tastes like… chicken!

_____

4. I don't like chicken.

_____

5. I want corn soup.

_____

造句

1. 她準備好點菜了嗎？

   _____ she _____ to order?

2. 「coot」是什麼？

   _____ _____ "coot"?

3. 牠是一種來自澳洲的鳥。

   It _____ a bird _____ Australia.

4. 她覺得玉米濃湯如何？

   ＿＿＿＿＿＿ ＿＿＿＿＿＿ she ＿＿＿＿＿＿ corn soup?

5. 牠們嚐起來像……雞肉！

   They ＿＿＿＿＿＿ ＿＿＿＿＿＿ ... chicken!

6. 你喜歡雞肉嗎？

   ＿＿＿＿＿＿ you ＿＿＿＿＿＿ chicken?

7. 它們很美味。

   They ＿＿＿＿＿＿ delicious.

8. 她每天喝可樂嗎？

   ＿＿＿＿＿＿ she ＿＿＿＿＿＿ Coke every day?

9. 她不吃雞肉。

   She ＿＿＿＿＿＿ ＿＿＿＿＿＿ chicken.

10. 他想要玉米濃湯。

   He ＿＿＿＿＿＿ corn ＿＿＿＿＿＿.

改錯 ● ● ●

圈出文法錯誤，並寫出正確的答案

例 She (isn't) go to school every day. （doesn't）

1. Are Mr. Wu your friend? （　　　　　）

2. What does Jeffrey does? （　　　　　）

3. Does it delicious? （　　　　　）

4. She don't like corn soup. （　　　　　）

5. He is eats chicken now. （　　　　　）

配合題 ● ● ●

1. 對不起	（　　）	**a.**	taste
2. 準備好的	（　　）	**b.**	order
3. 點菜	（　　）	**c.**	ready
4. 來自	（　　）	**d.**	like
5. 嚐起來	（　　）	**e.**	chicken
6. 像	（　　）	**f.**	from
7. 雞肉	（　　）	**g.**	Excuse me.
8. 美味的	（　　）	**h.**	want
9. 想要	（　　）	**i.**	delicious
10. 玉米濃湯	（　　）	**j.**	corn soup

Part B-10

Free Time Activities

 B-10

Max: Hi, Ned. What's that?

Ned: Oh（喔）, it's a PSP（掌上型遊戲機）. I play it every day. What do you do in your **free time**?

Max: Well（嗯）, I play **basketball**.

Ned: **Really**? I play **basketball**, **too**. We **can** play **together some time**.

Max: **O.K.**

  B-10 Vocabulary

- **free** 空閒的
- **time** 時間
- **basketball** 籃球
- **really** 真的
- **too** 也
- **can** 可以
- **together** 一起
- **some time** 之後某時
- **O.K.** 好

80

1. What's that?

_____

2. I play it every day.

_____

3. What do you do in your free time?

_____

4. I play basketball, too.

_____

5. We can play together some time.

_____

造 句 ● ● ● ● ● ●

1. 那是什麼？

   _____ _____ that?

2. 它是一台掌上型遊戲機。

   It _____ a PSP.

3. 她每天做什麼？

   _____ _____ she do every day?

4. 她每天玩它。

   She _____ it every day.

5. 他在他的休閒時間做什麼？

   _____ _____ he do in _____ free time?

6. 他打籃球。

   He _____ basketball.

7. 你打籃球嗎？

   _____ you _____ basketball?

8. 她也打籃球。

   She _____ basketball, _____.

9. 你什麼時候打籃球？

   _____ _____ you play basketball?

10. 他們之後可以一起打。

    They _____ _____ together some time.

改錯

圈出文法錯誤，並寫出正確的答案

例 She (isn't) go to school every day. （doesn't）

1. What are that? （　　　　　）

2. Ned have a PSP. （　　　　　）

3. Are you play computer games every day? （　　　　　）

4. What is he do every day? （　　　　　）

5. Is that he basketball? （　　　　　）

配合題

1. 空閒的　　　（　　）
2. 時間　　　　（　　）
3. 籃球　　　　（　　）
4. 真的　　　　（　　）
5. 也　　　　　（　　）
6. 可以　　　　（　　）
7. 一起　　　　（　　）
8. 之後某時　　（　　）
9. 好　　　　　（　　）

a. time
b. basketball
c. really
d. free
e. too
f. some time
g. O.K.
h. can
i. together

Answers
Part A

Answers

Part A-1 Andy and His Sister

中文翻譯

Andy 和他姊姊是學生。他們每天都上學。Andy 喜歡英文。他不喜歡中文。他的姊姊喜歡數學。她不喜歡英文。他們每天都讀書。

英翻中

1. Andy 和他的姊姊是學生。
2. 他們每天上學。
3. Andy 喜歡英文。
4. 他不喜歡中文。
5. 他們每天都讀書。

造句

1. I **am** a student.
2. They **are not** teachers.
3. I **go** to school every day.
4. He **does not go** to school every day.
5. She **likes** English.
6. You **do not like** Chinese.
7. We **have** many books.
8. He **does not have** pens.
9. She **reads** books every day.
10. They **do not eat** breakfast every day.

改錯

1. I am ⓐ actor. (**an**)
2. She aren't my sister. (**isn't**)
3. He have a pencil. (**has**)
4. They doesn't have a house. (**don't**)

5. Andy (gos) to school every day. (**goes**)

配合題

1. 英文　　　　　　(**c.** English)
2. 中文　　　　　　(**a.** Chinese)
3. 數學　　　　　　(**b.** math)

Part A-2　A Happy Family

中文翻譯

我是 Sara。我有一個快樂的家庭。我的爸爸是一位公車司機，而我媽媽是一位護士。他們喜歡電影，而且每天看電影。我姊姊和我都是學生。我們每天讀書。因為我媽媽喜歡動物，我們有五隻貓和三隻狗。我們每天都很快樂。

英翻中

1. 我有一個快樂的家庭。
2. 我的爸爸是一位公車司機，而我的媽媽是一位護士。
3. 他們喜歡電影，而且每天看電影。
4. 我姊姊和我是學生。
5. 因為我媽媽喜歡動物，我們有五隻貓和三隻狗。

造句

1. He **is** Tom.
2. He **has** a **happy** family.
3. **His** father is a **bus driver**, and **his** mother is a **nurse**.
4. He **likes** movies.
5. He **watches** movies every day.
6. He **is** a student.
7. He **reads books** every day.

8. I **like** animals.

9. **My** brother **has four** cats and a **dog**.

10. I **am happy** every day.

改錯

1. She (am) Sara's mother. (**is**)

2. (He) brother is a bus driver. (**His**)

3. He (watchs) movies every day. (**watches**)

4. We are (student). (**students**)

5. Sara (have) four cats. (**has**)

配合題

1. 快樂的   (**d.** happy)

2. 家庭   (**e.** family)

3. 看   (**a.** watch)

4. 因為   (**b.** because)

5. 動物   (**g.** animal)

6. 公車   (**f.** bus)

7. 司機   (**c.** driver)

Part A-3 Cherry and Jane

中文翻譯

Cherry 和 Jane 是好朋友。她們有不同的嗜好。Cherry 喜歡運動。她每天打網球。

Jane 不擅長運動。她常在家裡看電影。她有很多DVD。

英翻中

1. Cherry 和 Jane 是好朋友。

2. Cherry 喜歡運動。

3. 她每天打網球。

4. Jane 不擅長運動。

5. 她常在家裡看電影。

造句

1. We **are** good **friends**.

2. We **aren't brothers**.

3. We **have** different hobbies.

4. I **like** sports.

5. I **don't like** movies.

6. I **play** tennis every day.

7. You **are** not good **at** sports.

8. She often **watches** movies **at** home.

9. You **have** many DVDs.

10. He **doesn't have** CDs.

改錯

1. We (am) sisters. (**are**)

2. She (**doesn't**) a student. (**isn't**)

3. He (**play**) tennis every day. (**plays**)

4. Jane (**have**) many CDs. (**has**)

5. I (**likes**) sports. (**like**)

配合題

1. 好的　　　　　(**b.** good)

2. 嗜好　　　　　(**a.** hobby)

3. 運動　　　　　(**d.** sport)

4. 打(球)　　　　(**c.** play)

5. 網球　　　　　(**i.** tennis)

6. 擅長　　　　　(**f.** good at)

89

7. 經常　　　　　　（**j.** often）

8. 看　　　　　　　（**g.** watch）

9. 在家　　　　　　（**h.** at home）

10. 不同的　　　　　（**e.** different）

Part A-4　My Family and Friends

中文翻譯

我是 Andy。我的爸爸和媽媽都是老師。我弟弟三歲。我經常和 Tim 玩。他是我的朋友。

Tim 和我每天騎腳踏車到公園。我們在那裡玩球。週末的時候，我們讀書。我們是好學生。

英翻中

1. 我的爸爸和媽媽是老師。

2. 我經常和 Tim 玩。

3. Tim 和我每天騎腳踏車到公園。

4. 我們在那裡玩球。

5. 週末的時候，我們讀書。

造句

1. She **is** Amy.

2. **Her** mom and dad **are** teachers.

3. Her brother **is two**.

4. She often **plays** with Tim.

5. He **is her** friend.

6. She **rides** a bike to a park every day.

7. She **plays** ball there.

8. **On** weekends, she **reads** books.

90

9. She **is a** good student.

10. I **am** **not a** bad student.

改錯

1. You ⓐ̶m̶ Jack. (**are**)

2. His son and daughter ⓘs̶ doctors. (**are**)

3. They are my t̶e̶a̶c̶h̶e̶r̶. (**teachers**)

4. He ⓛike music. (**likes**)

5. I ⓛikes movies. (**like**)

配合題

1. 經常   (**d.** often)

2. 玩;打(球)   (**f.** play)

3. 和   (**h.** with)

4. 騎   (**i.** ride)

5. 公園   (**e.** park)

6. 球   (**b.** ball)

7. 那裡   (**j.** there)

8. 在⋯⋯   (**c.** on)

9. 週末   (**a.** weekend)

10. 好的   (**g.** good)

Part A-5 A Movie about a King and a Baker

中文翻譯

我有一片電影DVD。這部電影關於一位國王和一位麵包師。國王有三個女兒。麵包師喜歡第三個女兒,但是國王不喜歡這位麵包師。麵包師每天為國王做美味的蛋糕。我認為這部電影很無聊。

英翻中

1. 這部電影是關於一位國王和一位麵包師。
2. 國王有三個女兒。
3. 麵包師喜歡第三個女兒，但是國王不喜歡麵包師。
4. 麵包師每天為國王做美味的蛋糕。
5. 我認為這部電影很無聊。

造句

1. She **has** a DVD movie.
2. I **don't like** movies.
3. He **likes** **music**.
4. The movie **is** about a king **and** a baker.
5. The king **has** a **daughter**.
6. He **doesn't have** a son.
7. I **like** the third **daughter**.
8. They **don't** like the baker.
9. I **make** delicious cakes **for** the king every day.
10. He **thinks** the movie **is** boring.

改錯

1. She (have) a CD. (**has**)
2. He (like) music. (**likes**)
3. We **doesn't** like movies. (**don't**)
4. My mother (make) cakes every day. (**makes**)
5. The cake (does) delicious. (**is**)

配合題

1. 關於　　　　　　（**d.** about）
2. 國王　　　　　　（**e.** king）
3. 麵包師　　　　　（**c.** baker）

4. 但是　　　　　　　(**a.** but)

5. 做蛋糕　　　　　　(**b.** make cakes)

6. 美味的　　　　　　(**h.** delicious)

7. 為了　　　　　　　(**g.** for)

8. 認為　　　　　　　(**f.** think)

9. 無聊的　　　　　　(**i.** boring)

10. 第三個的　　　　　(**j.** the third)

Part A-6　Polly's Pets

中文翻譯

Polly 有一隻狗和一隻貓。牠們是她的寵物。她每天和她的狗玩球。她的貓不和她們玩。牠整天睡覺。

英翻中

1. Polly 有一隻狗和一隻貓。

2. 牠們是她的寵物。

3. 每天她和她的狗玩。

4. 她的貓不和他們玩。

5. 牠整天睡覺。

造句

1. You **are my** friend.

2. You **are not** a teacher.

3. We **are students**.

4. We **go** to **school** every day.

5. You **have three** dogs and **four** cats.

6. You **do not have** a bird.

7. They **are your** pets.

8. Every day you **play** with **your** dog.

9. **Your** cat **does** **not** **play**.

10. It **sleeps** all day long.

改錯

1. It is a dogs. (**dog**)

2. They are not my pet (**pets**)

3. We plays every day. (**play**)

4. She don't like cats. (**doesn't**)

5. He like Polly. (**likes**)

配合題

1. 寵物　　　　　　(**a.** pet)

2. 玩　　　　　　　(**e.** play)

3. 和　　　　　　　(**d.** with)

4. 睡覺　　　　　　(**c.** sleep)

5. 整天　　　　　　(**b.** all day long)

Part A-7 Angela

中文翻譯

Angela 十歲。她很安靜。她很少說話。她喜歡漫畫書，而且每天看漫畫書。她不吃飯。她只喝可樂。這對身體不好。

英翻中

1. 她很安靜。

2. 她很少說話。

3. 她喜歡漫畫書，而且每天看他們。

4. 她不吃飯。

5. 她只喝可樂。

造句

1. I **am** 8.
2. He **is** quiet.
3. You seldom **talk**.
4. I **do** not go to school.
5. He **likes music**.
6. They **do** not **have** friends.
7. I **read** comic books every day.
8. You **do** not **eat** rice.
9. She **does** not **drink** milk.
10. I only **drink** Coke.

改錯

1. She ⟨**aren't**⟩ my friend. (**isn't**)
2. He ⟨**don't**⟩ like comic books. (**doesn't**)
3. Angela ⟨**read**⟩ books every day. (**reads**)
4. His daughter doesn't ⟨**talks**⟩. (**talk**)
5. My son seldom ⟨**go**⟩ to school. (**goes**)

配合題

1. 安靜的　　　　(**h.** quiet)
2. 很少　　　　　(**j.** seldom)
3. 講話　　　　　(**d.** talk)
4. 漫畫書　　　　(**b.** comic book)
5. 米飯　　　　　(**a.** rice)
6. 只　　　　　　(**f.** only)
7. 這個　　　　　(**c.** this)
8. 好的　　　　　(**e.** good)
9. 對於　　　　　(**i.** for)

10. 健康　　　　　　　　　(**g.** health)

Part A-8　Mark Lin

中文翻譯

我是 Mark Lin。我二十九歲。我喜歡音樂和電影。我愛動物：我有三隻狗、五隻鳥和一隻貓。我忙於工作。我沒有很多朋友。我想交朋友。

英翻中

1. 我喜歡音樂和電影。
2. 我有兩隻狗、四隻鳥和一隻貓。
3. 我忙於工作。
4. 我沒有很多朋友。
5. 我想交朋友。

造句

1. He **is** Mark Lin.
2. They **are** 29.
3. She **likes** music **and** movies.
4. He **does not have** many **friends**.
5. She **loves** animals.
6. She **has three** dogs, **five** birds, and **six** cats.
7. He **is** my **friend**.
8. They **are** busy **with** work.
9. He would like **to make** friends.
10. I **do not have** many books.

改錯

1. He **are** Mark.（**is**）

2. He isn't (I) friend. (**my**)

3. She (like) dogs. (**likes**)

4. They (reads) books every day. (**read**)

5. She (doesn't) busy with work. (**isn't**)

配合題

1. 愛　　　　　　　(**b.** love)

2. 動物　　　　　　(**d.** animal)

3. 忙於　　　　　　(**f.** be busy with)

4. 工作　　　　　　(**e.** work)

5. 想要　　　　　　(**a.** would like)

6. 交朋友　　　　　(**c.** make friends)

Part A-9　My Little Sister

中文翻譯

Becky 是我的小妹。她每天早上吃早餐。她總是吃烤土司和一顆蛋。她有時候喝牛奶。她不喜歡水果，所以她從不吃蘋果。

英翻中

1. Becky 是我的小妹。

2. 她每天早上吃早餐。

3. 她總是吃烤土司和一顆蛋。

4. 有時候她喝牛奶。

5. 她不喜歡水果，所以她從不吃蘋果。

造句

1. She is **his** little sister.

2. I **am** **not** **her** brother.

3. I **eat** **breakfast** every morning.

4. I **don't eat** dinner every day.

5. I always **eat** toast and **an** egg.

6. Sometimes I **drink milk**.

7. She **doesn't drink** Coke.

8. I **like water**.

9. I **don't like** fruit.

10. I never **eat apples**.

改錯

1. I (are) their friend. (**am**)

2. He (aren't) my brother. (**isn't**)

3. We (eats) lunch every day. (**eat**)

4. Becky (drink) milk every day. (**drinks**)

5. His father (don't) like fruit. (**doesn't**)

配合題

1. 小的   (**d.** little)

2. 總是   (**e.** always)

3. 烤的土司   (**g.** toast)

4. 蛋   (**h.** egg)

5. 有時   (**b.** sometimes)

6. 水果   (**i.** fruit)

7. 所以   (**c.** so)

8. 從未   (**a.** never)

9. 蘋果   (**f.** apple)

10. 早上   (**j.** morning)

Part A-10　My Family

中文翻譯

我爸爸是一位廚師。我媽媽是一位藝術家。他們都很忙。我的姊姊們和我每天做家事。我的姊姊們做菜,而我洗碗盤。我的弟弟只有三歲。他每天吃和玩。

英翻中

1. 我爸爸是一位廚師。
2. 他們都很忙。
3. 我的姊姊們和我每天做家事。
4. 我的姊姊們做菜,而我洗碗盤。
5. 我的弟弟只有三歲。

造句

1. I **am** a **cook**.
2. You **are not** my **students**.
3. She **is** a **nurse**.
4. She **is not their** mother.
5. He **does** the housework every day.
6. He **cooks**, and she **washes** the dishes.
7. They **do not have** tables.
8. She **is** only three.
9. I **drink milk** every day.
10. She **does not eat** dinner.

改錯

1. She is an **artists**. (**artist**)
2. They **isn't** sisters. (**aren't**)
3. My mother **cook** every day. (**cooks**)

4. He (**dos**) the housework every day. (**does**)

5. I (**washes**) the dishes every day. (**wash**)

配合題

1. 忙碌的   (**f.** busy)

2. 做   (**d.** do)

3. 家事   (**h.** housework)

4. 做菜   (**b.** cook)

5. 洗碗盤   (**e.** wash the dishes)

6. 只   (**a.** only)

7. 玩耍   (**c.** play)

8. 藝術家   (**g.** artist)

Answers
Part B

Answers

Part B-1 After School

中文翻譯

Ben：你現在正在做什麼？

Mike：我正在玩一款新的電腦遊戲。它很刺激。

Ben：你每天玩電腦遊戲嗎？

Mike：對。我堂哥有很多電腦遊戲。你玩電腦遊戲嗎？

Ben：不，我沒有電腦。

Mike：你放學後都做什麼？

Ben：我都做功課和彈鋼琴。

Mike：哇，你是個好學生！

英翻中

1. 我正在玩一款新的電腦遊戲。

2. 你每天玩電腦遊戲嗎？

3. 我堂哥有很多電腦遊戲。

4. 你放學後都做什麼？

5. 我都做功課和彈鋼琴。

造句

1. What **is** your brother **doing** now?

2. He **is playing** a **new** computer game.

3. This computer game **is exciting**.

4. **Does** he **play** computer games every day?

5. **My** friends **have many** computer games.

6. He **doesn't have** a computer.

7. **What does** he do **after** school?

8. He **does** homework **and reads** books.

9. He **is** a good **student**.

10. We **aren't friends**.

改錯

1. What ⟨**does**⟩ Ben doing now?（**is**）
2. She is ⟨**plays**⟩ a new computer game now.（**playing**）
3. ⟨**Are**⟩ they play computer games every day?（**Do**）
4. He has many ⟨**computer**⟩（**computers**）
5. She doesn't ⟨**has**⟩ cousins.（**have**）

配合題

1. 新的　　　　　　（**d.** new）
2. 刺激的　　　　　（**e.** exciting）
3. 堂（表）兄弟姊妹　（**a.** cousin）
4. 放學之後　　　　（**c.** after school）
5. 彈鋼琴　　　　　（**b.** play the piano）

Part B-2　Baseball

中文翻譯

Alice：看！Mitch 正在打棒球。

Tony：哇，他很厲害。

Alice：你打棒球嗎？

Tony：是的，我有打。我有時候打棒球。嗨，Mitch。

Mitch：哈囉，Tony。你們要去哪裡？

Tony：我們正要回家。

Mitch：你們打棒球嗎？

Tony：是的，我有打。

Alice：不，我不打。

Mitch：你現在可以打棒球嗎，Tony？

Tony：不，我必須在下午五點前回到家。

Mitch：好吧。

英翻中

1. Mitch 正在打棒球。

2. 你(們)打棒球嗎？

3. 我有時候打棒球。

4. 你(們)要去哪裡？

5. 我必須在下午五點前回到家。

造句

1. They **are playing** baseball.

2. You **are great**.

3. **Does** he **play** baseball?

4. He **sometimes plays** baseball.

5. Where **is** he **going**?

6. He **is going** home.

7. I **play** baseball **every day**.

8. He **doesn't play** baseball **every day**.

9. Can he **play** baseball now?

10. We have to **be** home **before** 5:00 P.M.

改錯

1. They are (play) baseball now. (**playing**)

2. (Do) he play baseball? (**Does**)

3. She sometimes (play) baseball. (**plays**)

4. Where (do) you going now? (**are**)

5. Where (does) your house? (**is**)

配合題

1. 棒球　　　　　　　　　　(**c.** baseball)
2. 很厲害的；很棒的　　(**i.** great)
3. 有時候　　　　　　　　(**h.** sometimes)
4. 家　　　　　　　　　　　(**f.** home)
5. 能　　　　　　　　　　　(**e.** can)
6. 在……之前　　　　　　(**a.** before)
7. 好吧　　　　　　　　　　(**b.** O.K.)
8. 看　　　　　　　　　　　(**d.** look)
9. 必須　　　　　　　　　　(**g.** have to)

Part B-3　My House

中文翻譯

Mark：嗨，Bob。快請進。

Bob：謝謝。你今天好嗎，Mark？

Mark：很好！請坐。

Bob：謝謝。哇，你家好大。嘿，照片裡的男人是誰？他很帥。

Mark：那是我爸爸。

Bob：他是做什麼的？

Mark：他是一位醫生。而我媽媽是一位護士。他們在我們家附近的醫院工作。

英翻中

1. 你今天過的好嗎，Mark？
2. 照片裡的男人是誰？
3. 那是我爸爸。
4. 他是做什麼的？

5. 他們在我們家附近的醫院工作。

造句

1. How **is** he today?

2. **His** house **is** big.

3. **Who's** the **boy in** the picture?

4. You **are** handsome.

5. That's **his brother**.

6. What **do** you **do**?

7. I **am** a **teacher**.

8. You **are** an **engineer**.

9. You **aren't students**.

10. She **works** in the hospital near **their** house.

改錯

1. How (is) your father and mother? (**are**)

2. Their houses (is) big. (**are**)

3. Who (does) that girl? (**is**)

4. What (is) his father do? (**does**)

5. (Does) that her mother? (**Is**)

配合題

1. 謝謝　　　　　（**h.** thanks）

2. 今天　　　　　（**i.** today）

3. 很好　　　　　（**f.** great）

4. 男人　　　　　（**g.** man）

5. 照片　　　　　（**e.** picture）

6. 英俊的　　　　（**c.** handsome）

7. 工作　　　　　（**d.** work）

8. 醫院　　　　　（**a.** hospital）

9. 在⋯⋯附近　　　(**b.** near)

Part B-4　Movies

中文翻譯

Simon：我有很多DVD。你認為在我家看電影怎樣？

Kenny：你有什麼種類的電影？

Simon：我有動作片、恐怖片、愛情片⋯⋯

Kenny：愛情片？你在開玩笑嗎？只有女孩喜歡愛情片。

Simon：我沒有在開玩笑。我每天和我的姊姊們看愛情片。

英翻中

1. 你認為在我家看電影怎樣？

2. 你有什麼種類的電影？

3. 你在開玩笑嗎？

4. 只有女孩喜歡愛情片。

5. 我每個星期和我的姊姊們看愛情片。

造句

1. How about **watching** movies in **his** house?

2. He **has** many DVDs.

3. He **does not have** many CDs.

4. What kind of movies **does** he **have**?

5. He **has** action movies, horror movies, romantic movies...

6. **Is** he **kidding**?

7. Only girls **like** romantic movies.

8. He **is not** kidding.

9. He **watches** horror movies with **his** sisters every week.

10. He **does not watch** action movies with his **brother** every day.

改錯

1. ⟨Do⟩ he like their books? (**Does**)
2. She ⟨have⟩ many pens. (**has**)
3. ⟨Do⟩ you reading now? (**Are**)
4. What ⟨is⟩ he have? (**does**)
5. They are ⟨watch⟩ TV now. (**watching**)

配合題

1. 你認為……怎樣　(**d.** how about)
2. 種類　(**c.** kind)
3. ……的　(**e.** of)
4. 動作片　(**b.** action movie)
5. 開玩笑　(**a.** kid)
6. 只　(**g.** only)
7. 和　(**f.** with)

Part B-5　My Dog

中文翻譯

Kevin：嗨，Tina。這是你的狗嗎？牠很可愛。

Tina：對，牠是我的狗。

Kevin：你叫牠什麼？

Tina：我叫牠 Spot。

Kevin：你要帶牠去哪裡？

Tina：我要帶牠去公園。我讓牠每天在公園裡跑。

Kevin：我可以和你去嗎？我喜歡狗。

Tina：當然可以！

英翻中

1. 這是你的狗嗎？
2. 你叫牠什麼？
3. 你要帶牠去哪裡？
4. 我讓牠在公園裡跑。
5. 我可以和你去嗎？

造句

1. **Is** that his dog?
2. **Does** he **have** a dog?
3. It **is** cute.
4. **What does** she call it?
5. **Where is** she taking it?
6. They **are** taking it to the park.
7. **What** does she do **in** the park?
8. He **lets** it run **in** the park.
9. **Can** he **go** with you?
10. He **likes** dogs.

改錯

1. **Does** it his cat? (**Is**)
2. It's not **she** cat. (**her**)
3. What does he **calls** it? (**call**)
4. What **do** you doing now? (**are**)
5. We **likes** his dog. (**like**)

配合題

1. 可愛的　　　　(**c.** cute)
2. 叫　　　　　　(**j.** call)
3. 帶……到　　　(**a.** take... to)

4. 公園　　　　　(**h.** park)

5. 跑　　　　　　(**f.** run)

6. 可以　　　　　(**i.** can)

7. 和　　　　　　(**g.** with)

8. 當然　　　　　(**b.** sure)

9. 讓　　　　　　(**d.** let)

Part B-6　Betty's Mother

中文翻譯

Betty 的媽媽是一位家庭主婦。她每天早上六點起床。她為她的小孩做早餐。她早上九點半去市場。她早上十一點半吃午餐並聽音樂。下午的時候，她幫助她的小孩做功課。她下午五點為她的家人煮晚餐。

英翻中

1. Betty 的媽媽是一位家庭主婦。

2. 她每天早上六點起床。

3. 她為她的小孩做早餐。

4. 她早上九點半去市場。

5. 下午的時候，她幫助她的小孩做他們的功課。

造句

1. I **am** a student.

2. **My** mother **is** a housewife.

3. Every day I **get** up **at** 6:00 A.M.

4. He **makes** breakfast **for** his children.

5. He **doesn't drink** milk.

6. I **go** to the market **at** 9:30 A.M.

7. We **eat** lunch and **watch** TV **at** 11:30 A.M.

110

8. We **don't listen** to music.

9. **In** the afternoon, I **help my** children do their homework.

10. He **cooks** dinner **for his** family **at** 5:00 P.M.

改錯

1. You (is) a nurse. (**are**)

2. I (gets) up at 7:00 A.M. (**get**)

3. He makes lunch for (he) children. (**his**)

4. She (gos) to school every day. (**goes**)

5. My mother doesn't (watches) TV. (**watch**)

配合題

1. 家庭主婦　　　（**e.** housewife）

2. 起床　　　　　（**g.** get up）

3. 做　　　　　　（**c.** make）

4. 為了　　　　　（**d.** for）

5. 小孩　　　　　（**a.** children）

6. 市場　　　　　（**j.** market）

7. 下午的時候　　（**b.** in the afternoon）

8. 幫助　　　　　（**i.** help）

9. 煮　　　　　　（**h.** cook）

10. 家人　　　　　（**f.** family）

Part B-7　Max's School Life

中文翻譯

Max 是一位舞者。他現在是美國學校的學生。他每天上舞蹈課。下午的時候，他上其他學科。他喜歡他的學校生活。

英翻中

1. Max 是一位舞者。
2. 他現在是美國學校的學生。
3. 他每天上舞蹈課。
4. 下午的時候，他上其他學科。
5. 他喜歡他的學校生活。

造句

1. I **am** a dancer.
2. I **have** a **brother** and two **sisters**.
3. I **am** a student **at** the America School **now**.
4. They **are not** students.
5. **How do** you **go** to school?
6. I **take** dance classes every day.
7. **In** the afternoon, I **take** other subjects.
8. I **like** dance.
9. I **don't like** movies.
10. I **like my** school life.

改錯

1. You(is)a writer. (**are**)
2. He(take) a nap every day. (**takes**)
3. She doesn't(likes) music. (**like**)
4. What(is)your sister like? (**does**)
5. Does he(takes) dance classes? (**take**)

配合題

1. 舞者　　　　　(**h.** dancer)
2. 美國的　　　　(**d.** American)
3. 上課　　　　　(**g.** take a class)

4. 舞蹈　　　　　　（**b.** dance）

5. 下午的時候　　　（**e.** in the afternoon）

6. 其他的　　　　　（**c.** other）

7. 學科　　　　　　（**f.** subject）

8. 生活　　　　　　（**a.** life）

Part B-8　Toys

中文翻譯

Randy：這是我的房子，Louis。

Louis：哇，這麼多玩具！你為什麼有這麼多玩具？

Randy：我哥哥賣玩具。他有帶有瑕疵的玩具。像這個玩具車，它只有三個車輪。

Louis：你是這麼的幸運。

英翻中

1. 這是我的房子。

2. 為什麼你有這麼多玩具？

3. 我哥哥賣玩具。

4. 他有帶有瑕疵的玩具。

5. 像這個玩具車，它只有三個車輪。

造句

1. **Where is** his house?

2. This **is her** house.

3. **Do** you **have** toys?

4. **Who is** he?

5. He **is her** brother.

6. **What** do they **have**?

7. They **have** toys **with** defects.

8. Like **that** toy car, it only **has two** wheels.

9. **Are** you lucky?

10. She **is** so lucky.

改錯

1. (**Does**) you like toys? (**Do**)

2. She (**have**) toy cars. (**has**)

3. He has two (**brother**). (**brothers**)

4. Randy is so (**luckys**). (**lucky**)

5. (**Does**) this your room? (**Is**)

配合題

1. 這麼   (**j.** so)

2. 玩具   (**h.** toy)

3. 為什麼   (**f.** why)

4. 賣   (**d.** sell)

5. 帶有……的   (**c.** with)

6. 瑕疵   (**b.** defect)

7. 像   (**a.** like)

8. 只   (**e.** only)

9. 車輪   (**g.** wheel)

10. 幸運的   (**i.** lucky)

Part B-9　In a Restaurant

中文翻譯

Jeffrey：對不起，你準備好點菜了嗎？

Mr. Wu：唔，「coot」是什麼？

Jeffrey：喔，牠是一種來自澳洲的鳥。牠嚐起來像……雞肉！牠很美味。

Mr. Wu：我不喜歡雞肉。我想要玉米濃湯。

Jeffrey：好。

英翻中

1. 對不起，你準備好點菜了嗎？
2. 牠是一種來自澳洲的鳥。
3. 牠嚐起來像……雞肉！
4. 我不喜歡雞肉。
5. 我想要玉米濃湯。

造句

1. **Is** she **ready** to order?
2. **What is** "coot"?
3. It **is** a bird **from** Australia.
4. **How does** she **like** corn soup?
5. They **taste like**... chicken!
6. **Do** you **like** chicken?
7. They **are** delicious.
8. **Does** she **drink** Coke every day?
9. She **doesn't eat** chicken.
10. He **wants** corn **soup**.

改錯

1. (Are) Mr. Wu your friend? (**Is**)
2. What does Jeffrey (does)? (**do**)
3. (Does) it delicious? (**Is**)
4. She (don't) like corn soup. (**doesn't**)
5. He is (eats) chicken now. (**eating**)

配合題

1. 對不起　　　　(**g.** excuse me)
2. 準備好的　　　(**c.** ready)
3. 點菜　　　　　(**b.** order)
4. 來自　　　　　(**f.** from)
5. 嚐起來　　　　(**a.** taste)
6. 像　　　　　　(**d.** like)
7. 雞肉　　　　　(**e.** chicken)
8. 美味的　　　　(**i.** delicious)
9. 想要　　　　　(**h.** want)
10. 玉米濃湯　　　(**j.** corn soup)

Part B-10　Free Time Activities

中文翻譯

Max：嗨，Ned。那是什麼？

Ned：喔，它是一台掌上型遊戲機。我每天玩它！你休閒時間做什麼？

Max：嗯，我打籃球。

Ned：真的嗎？我也打籃球。我們之後可以一起打。

Max：好啊。

英翻中

1. 那是什麼？
2. 我每天玩它！
3. 你休閒時間做什麼？
4. 我也打籃球。
5. 我們之後可以一起打。

造句

1. **What is** that?

2. It **is** a PSP.

3. **What does** she do every day?

4. She **plays** it every day!

5. **What does** he do in **his** free time?

6. He **plays** basketball.

7. **Do** you **play** basketball?

8. She **plays** basketball, **too**.

9. **When do** you play basketball?

10. They **can play** together some time.

改錯

1. What (are) that? (**is**)

2. Ned (have) a PSP. (**has**)

3. (Are) you play computer games every day? (**Do**)

4. What (is) he do every day? (**does**)

5. Is that (he) basketball? (**his**)

配合題

1. 空閒的   (**d.** free)

2. 時間   (**a.** time)

3. 籃球   (**b.** basketball)

4. 真的   (**c.** really)

5. 也   (**e.** too)

6. 可以   (**h.** can)

7. 一起   (**i.** together)

8. 之後某時   (**f.** some time)

9. 好   (**g.** O.K.)

Linking English

專門替中國人寫的英文練習本：初級本上冊

2010年8月初版　　　　　　　　　　　　　定價：新臺幣250元
2023年10月二版
有著作權‧翻印必究
Printed in Taiwan.

著　　　著	博 幼 基 金 會		
策 劃 審 訂	李 　 家 　 同		
叢 書 編 輯	李 　 　 　 芃		
校　　　對	曾 　 婷 　 姬		
封 面 設 計	蔡 　 婕 　 岑		
光 碟 製 作	鄧 　 禎 　 樺		
錄 音 後 製	純 粹 錄 音		
	後 製 有 限 公 司		

出　版　者	聯經出版事業股份有限公司	副 總 編 輯	陳 　 逸 　 華
地　　　址	新北市汐止區大同路一段369號1樓	總 編 輯	涂 　 豐 　 恩
叢書主編電話	(0 2) 8 6 9 2 5 5 8 8 轉 5 3 0 5	總 經 理	陳 　 芝 　 宇
台北聯經書房	台 北 市 新 生 南 路 三 段 9 4 號	社　　長	羅 　 國 　 俊
電　　　話	(0 2) 2 3 6 2 0 3 0 8	發 行 人	林 　 載 　 爵
郵 政 劃 撥 帳 戶 第 0 1 0 0 5 5 9 - 3 號			
郵 撥 電 話 (0 2) 2 3 6 2 0 3 0 8			
印　刷　者	世 和 印 製 企 業 有 限 公 司		
總　經　銷	聯 合 發 行 股 份 有 限 公 司		
發　行　所	新北市新店區寶橋路235巷6弄6號2F		
電　　　話	(0 2) 2 9 1 7 8 0 2 2		

行政院新聞局出版事業登記證局版臺業字第0130號

本書如有缺頁，破損，倒裝請寄回台北聯經書房更換。　ISBN　978-957-08-7136-4 (平裝)
聯經網址 http://www.linkingbooks.com.tw
電子信箱 e-mail:linking@udngroup.com

國家圖書館出版品預行編目資料

專門替中國人寫的英文練習本：初級本上冊
/博幼基金會著 . 二版 . 新北市 . 聯經 . 2023.10
120面 . 19×26公分 . （Linking English）
ISBN　978-957-08-7136-4（平裝附光碟）
[2023年10月二版]

1. CST：英語教學　2. CST：讀本　3. CST：中小學教育

523.318　　　　　　　　　　　　112015985